BUÑUELOS

*Deliciosas recetas
para chuparse los dedos*

BUÑUELOS

Deliciosas recetas para chuparse los dedos

HANNAH MILES

Fotografías de
WILLIAM LINGWOOD

**EL PAIS
AGUILAR**

Para Hunter Miles, una niñita muy especial. Un beso.

EL PAIS AGUILAR

Título original: *Doughnuts. Delicious recipes for finger-licking treats*
©2011 Hannah Miles (texto)
©2011 Ryland Peters & Small (diseño y fofografías)

Traducción: Amaya Basáñez
Coordinación editorial: Diana Acero Martínez
Edición: Marta Bravo
Coordinación técnica: Victoria Reyes
Maquetación: M. García y J. Sánchez
Estilismo de atrezo: Liz Belton
Estilismo gastronómico: Lucy Mckelvie

Primera edición, 2013

De la presente edición:
©Santillana Ediciones Generales, S.L.
Avenida de los Artesanos, 6,
28760, Tres Cantos,
Madrid
www.elpaisaguilar.es

ISBN: 978-84-03-51300-6

PRISA EDICIONES

AGRADECIMIENTOS DE LA AUTORA

Muchísimas gracias a Ryland Peters & Small, en particular a Julia Charles por permitir que me diera el gusto de soñar con buñuelos, a Rebecca Woods por su paciente edición y Leslie Harrington y Claire Barber por la dirección artística y el precioso diseño del libro. Gracias a William Lingwood por las alucinantes fotografías y a Lucy McKelvie por cocinar unos buñuelos con una pinta tan apetecible. Gracias también a Liz Belton por el bonito atrezo, y a Lauren y a JJ por todo su duro trabajo haciendo publicidad de este libro. Con amor y abrazos para Heather, Elly, y Claire de la HHB Agency que me acompañaron en cada paso del camino. Gracias en particular a Merrin Ashcroft por todos los maravilloso consejos sobre buñuelos: ¡fuiste mi caballero de brillante armadura y no habría podido escribir este libro sin ti! Y a todos mis catadores de buñuelos: la asociación Lidlington Allotment, el Podinton Sewing Circle y a todos mis amigos y mi familia. ¡MUCHAS GRACIAS por ir más allá de lo que era vuestra obligación y comeros tantos buñuelos!

NOTAS

• Todas las medidas que se dan en cucharadas son rasas, a no ser que se especifique lo contrario.
• Los huevos son de tamaño medio a no ser que se diga otra cosa. Los huevos crudos o a medio cocinar no deberían ser ingeridos por ancianos, enfermos, niños pequeños, mujeres embarazadas o los que tengan un sistema inmune delicado.
• Cuando la receta incluya la ralladura de un cítrico, compre fruta sin encerar, y lávela bien antes de usarla. Si solo puede encontrar fruta procesada, frótela bien con agua tibia y jabón antes de usarla.
• Si los buñuelos están rellenos de nata, asegúrese de guardarlos en la nevera hasta que se vayan a servir.

CONTENIDO.

Bocaditos para chuparse los dedos

Da igual que se frían o se horneen, los buñuelos son un capricho, pero están riquísimos. Son populares en todo el mundo –desde la cadena de cafeterías especializadas Krispy Kremes, famosa por la serie *Sexo en Nueva York*, a las delicias rebozadas que se sirven templadas en los puestos callejeros por toda Asia– y da igual qué tipo de buñuelo sea tu favorito: en este libro existe una deliciosa receta para ti. Son sencillas y fáciles de hacer en casa: tanto con los utensilios que se encuentran en cualquier cocina como con bandejas específicas para buñuelos, estos dulces son perfectos como tentempié, para fiestas o incluso como postre.

Hay varias maneras de preparar buñuelos. Los más conocidos están preparados con una masa ligeramente fermentada, que después se fríe; y aunque inviertes mucho tiempo en prepararlo, sin duda merece la pena. Una opción más saludable son los que se hornean, puesto que al no estar fritos en aceite tienen menos contenido graso. Hay un gran surtido de bandejas con diferentes diseños, disponibles en tiendas de utensilios de cocina, que les dan esa forma circular tan clásica del buñuelo. También puedes hacer buñuelos con una masa similar a la que usarías para hacer gofres o tortitas. Se puede utilizar un dosificador para dejar caer anillos de masa en el aceite bien caliente, o usar un electrodoméstico específico para hacer buñuelos. Ese tipo de utensilio no es especialmente caro y funciona de manera similar a una plancha de gofres. Se hacen muy rápidamente y por eso son ideales si necesitas elaborarlos a gran escala, como para la Croquembouche de buñuelos.

Tengo que confesar que, en un primer intento, hacer los típicos buñuelos fritos puede apabullar un poco, y hay unas cuantas cosas que pueden salir mal. De todos modos, los pasos que se indican en este libro simplifican el proceso y te aseguran conseguir unos buñuelos perfectos todas las veces. Uno de los momentos clave es la mezcla de harinas correcta para la masa de los buñuelos;

aunque puedes hacerlos solo con harina de fuerza, se consiguen mejores resultados usándola en combinación con harina normal para dar ligereza a la masa.

Algo esencial para poder hacer los buñuelos fritos perfectos es el proceso de amasado. No calcules por lo bajo el tiempo que vas a necesitar para amasar. Para ahorrarte tiempo (y esfuerzo de brazos) se puede hacer mucho mejor con una batidora que lleve incorporadas varillas para amasar. Cuando las utilices, tienes que trabajar lentamente la masa durante 2 minutos y después incrementar la velocidad y mezclar con brío durante 8 minutos más. Cuando hayas acabado, la masa estará muy suave, no pegajosa; cuando cojas un pedazo con las manos, debería ser ligera y elástica, sin romperse ni hacerse agujeros. Lo siguiente es que repose y que fermente. Moldea la masa en pequeñas bolas (o en anillos, depende del tipo de buñuelo que estés preparando) y colócalas por separado en una lámina de papel de horno previamente enharinada. Cubre todo con una tela limpia y humedecida y déjalo reposar durante 10 minutos, permitiendo que la masa se reduzca y vuelva a tomar forma, de tal manera que tengas buñuelos perfectamente redondos. Después, cubre las bandejas con papel film al que le habrás untado un poco de aceite y déjalas en un sitio templado hasta que la masa crezca, doblando su tamaño. El tiempo que requiera esto puede variar dependiendo del calor que haga. En mi casa, en la que tengo una cocina Aga, el tiempo de fermentación dura unos 35 minutos. Para ver si la masa está lista, presiona uno de los buñuelos suavemente con el dedo. Si la marca se vuelve a rellenar sola, la masa todavía no ha fermentado del todo. Pero si se conserva la huella, los buñuelos están en su punto. Si presionas y la masa se rompe, los buñuelos han fermentado de más y tendrán regusto a levadura, y puede que se encojan ligeramente cuando los sumerjas en el aceite. Para finalizar, hay que dejar que los buñuelos reposen sin cubrir durante otros diez minutos antes de freírlos, permitiendo que se forme una ligera corteza.

Al freír los buñuelos, necesitas que el aceite esté muy caliente (190ºC). Se hace mejor con una freidora, donde puedes controlar la temperatura, pero también puedes hacerlo con cuidado en una sartén grande, usando un termómetro de cocina para asegurarte de que el aceite está a la temperatura correcta. El momento en el que hay que echar los buñuelos a la sartén es cuando es útil el papel de horno: si la masa se toquetea mucho se puede deshinchar, así que al cogerlos por sus cuadrados individuales de papel de horno, puedes levantarlos y echarlos en el aceite de manera segura, de uno en uno, sin que la masa se desinfle o te quemes. Fríe los buñuelos un par de minutos por un lado, hasta que esté tostado, y después dale la vuelta y sigue hasta que el otro lado se dore. Al hacer eso se creará el clásico círculo blanco en el centro del buñuelo.

Al rellenar los buñuelos, es importante hacer un hueco en el buñuelo que sea suficientemente grande como para que tenga mucho relleno. ¡No hay nada peor que un buñuelo en el que han sido demasiado rácanos al rellenarlo! Como mejor se hace es con una cuchara de mango redondo. Métela por un lateral del buñuelo y muévela para crear un hueco dentro, al tiempo que

mantienes el agujero exterior lo más pequeño que puedas. La manera más fácil de rellenar un buñuelo es con una manga pastelera. Si no, ¡puede que las cosas se líen un poco! Vierte el relleno en el buñuelo hasta que notes que se "resiste" ligeramente, lo que significa que ya está lleno. No te preocupes mucho si lo llenas más de lo que debieras, porque puedes limpiar el exceso con papel de cocina. Si los estás rellenando con nata, recuerda guardarlos en la nevera hasta que se sirvan.

Los buñuelos rebozados y al horno son más fáciles de hacer porque no contienen levadura, así que no requieren ese tiempo extra. ¡Son perfectos para los antojos repentinos!

Todos los buñuelos saben mejor recién hechos, y es conveniente servirlos el mismo día que se han preparado. Pero si los vas a dejar para otro día (¡a pesar de que son irresistibles!), guárdalos en un recipiente hermético.

Da igual el tipo de buñuelo que prefieras, estas recetas te permitirán crear unas delicias muy tentadoras en tu casa para invitar a tus amigos y tu familia. El único problema será cómo dejar de comerlos. ¡Te lo hemos avisado!

BOCADITOS RELLENOS DE DIVERSIÓN

Los tradicionales de mermelada

Un buñuelo de mermelada es para mí lo más clásico: recubiertos de azúcar y rebosantes de mermelada de fresa o de frambuesa cuando los muerdes. Siempre es mejor servir estos buñuelos recién hechos y asegurarte de que los rellenas generosamente. ¡No hay nada peor que un buñuelo poco relleno! Al darles la vuelta mientras los fríes, deberías acabar con la clásica línea blanca en el perímetro del buñuelo, haciendo que parezcan tan buenos como los que encuentras en las tiendas.

200 ml de leche templada

7 g de levadura seca de acción rápida

30 g de azúcar blanco

300 g de harina, y un poco más para espolvorear

160 g de harina de fuerza

Media cucharadita de sal

2 huevos batidos

60 g de mantequilla, blanda

Aceite de girasol, para engrasar y freír

Azúcar superfino, para espolvorear

450 g de mermelada de fresa o de frambuesa

16 cuadrados de papel de horno
Manga pastelera de boquilla redonda

PARA 16

Bate la leche templada, la levadura y el azúcar en una jarra y déjalo en un lugar templado unos 10 minutos, hasta que se haya formado una espuma consistente por encima de la leche. Tamiza las harinas en un cuenco grande, añade la sal, los huevos y la mantequilla y remuévelo todo; después añade la mezcla de la levadura. Si utilizas una batidora de varillas para amasar, bate la masa lentamente durante 2 minutos; después ve aumentando la velocidad y amasa durante 8 minutos hasta que esté suave y manejable. Si no, amasa 15 minutos a mano. La mezcla debe quedar blanda pero no pegajosa, así que añade un poco de harina si lo necesitas.

Pon los cuadrados de papel de horno en una bandeja y espolvoréalos ligeramente con harina. Divide la masa en 16 porciones y, con las manos recubiertas de harina, moldea cada una con forma de bola y déjala en un cuadrado de papel. Cubre los buñuelos con un paño humedecido y déjalos reposar 10 minutos. Vuelve a darles forma y deja que fermenten en un lugar cálido unos 35-45 minutos, cubiertos con papel film ligeramente engrasado, hasta que la masa doble su tamaño y conserve la marca si la presionas con un dedo. Déjalos reposar otra vez, sin tapar, 10 minutos.

En una sartén o en una freidora, calienta el aceite hasta 190°C. Sujetándolo por el cuadrado de papel, echa cada buñuelo en la sartén, de uno en uno, con cuidado de no tocar la masa o de salpicar con aceite hirviendo. Fríelos en tandas, más o menos 1 minuto y medio por cada lado, hasta que estén tostados. Retira los buñuelos con una espumadera y déjalos secar en papel de cocina.

Cuando los buñuelos se puedan manejar, pon el azúcar superfino en un plato llano y reboza cada buñuelo en el azúcar para que quede bien cubierto. Introduce una cucharilla de mango redondo para hacerle un agujero al buñuelo y gírala dentro para crear un hueco. Pon la mermelada en la manga pastelera, rellena todos los buñuelos y sírvelos.

Crema de vainilla

Estos clásicos buñuelos son sencillos pero exquisitos con su delicado toque de vainilla y un contundente relleno cremoso. Recúbrelos con perlas de azúcar y serán ideales para una fiesta.

200 ml de leche templada
7 g de levadura seca de acción rápida
30 g de azúcar blanco
300 g de harina, y un poco más para espolvorear
160 g de harina de fuerza
Media cucharadita de sal
2 huevos batidos
60 g de mantequilla, blanda
1 cucharadita de extracto de vainilla
Aceite de girasol, para engrasar y freír
Perlas de azúcar para decorar

PARA LA CREMA PASTELERA
1 cucharada de harina fina de maíz (maicena)
60 g de azúcar
1 huevo y 1 yema de huevo
100 ml de leche
150 ml de nata líquida para montar
1 vaina de vainilla, abierta a lo largo

PARA EL GLASEADO
70 ml de sirope de vainilla
200 g de azúcar glas tamizado

16 cuadrados de papel de horno
Manga pastelera de boquilla redonda

PARA 16

Empieza por la crema pastelera. En un cuenco, mezcla la maicena, el azúcar, el huevo y la segunda yema hasta formar una pasta. Aparte, mezcla la leche, la nata y la vaina y llévalo a ebullición. Apágalo y déjalo reposar 5 minutos. Quita la vaina y raspa las semillas con un cuchillo. Echa solo las semillas en la sartén y calienta hasta que hierva de nuevo. Lentamente, vierte el líquido caliente sobre la mezcla que has hecho antes con el huevo sin dejar de batir. Vuelve a verterlo en la sartén y déjalo unos minutos hasta que espese; después pásalo por un colador para quitarle los grumos. Deja que se enfríe y guárdalo en la nevera hasta que lo necesites.

Bate la leche, la levadura y el azúcar en una jarra y déjalo en un lugar templado unos 10 minutos, hasta que se forme una espuma consistente por encima de la leche. Tamiza las harinas en un cuenco, añade la sal, los huevos, la mantequilla y la vainilla y remuévelo todo; después añade la mezcla de la levadura. Si utilizas una batidora de varillas, bate la masa lentamente durante 2 minutos; después ve aumentando la velocidad y amasa durante 8 minutos hasta que esté suave y manejable. Si no, amasa 15 minutos a mano. La mezcla debe quedar blanda pero no pegajosa.

Pon los cuadrados de papel de horno en una bandeja y espolvoréalos ligeramente con harina. Divide la masa en 16 porciones y, con las manos recubiertas de harina, moldea cada una con forma de bola y déjala en un cuadrado de papel. Cubre los buñuelos con un paño humedecido y déjalos reposar 10 minutos. Vuelve a darles forma y deja que fermenten en un lugar cálido unos 35-45 minutos, cubiertos con papel film ligeramente engrasado, hasta que la masa doble su tamaño y conserve la marca si la presionas con un dedo. Déjalos reposar otra vez, sin tapar, 10 minutos.

En una sartén o en una freidora, calienta el aceite hasta 190℃. Sujetándolo por el cuadrado de papel, echa cada buñuelo en la sartén, de uno en uno. Fríelos en tandas, más o menos 1 minuto y medio por cada lado, hasta que estén tostados. Retira los buñuelos y déjalos secar en papel de cocina.

Cuando los buñuelos se puedan manejar, introduce una cucharilla de mango redondo para hacerle un agujero y gírala dentro para crear un hueco. Con una manga pastelera rellena todos los buñuelos. Para el glaseado, bate el sirope de vainilla con el azúcar glas hasta que espese, no demasiado, añadiendo un poco de agua si es necesario. Cubre la parte superior de cada buñuelo, decora con perlas de azúcar y sírvelos.

Pecado de chocolate

Estos buñuelos son la delicia de un adicto al chocolate: una masa ligera de cacao con una cobertura de lustroso chocolate, coronado con virutas de chocolate y relleno con la siempre tentadora nata montada.

200 ml de leche templada

7 g de levadura seca de acción rápida

30 g de azúcar blanco

300 g de harina, y un poco más para espolvorear

160 g de harina de fuerza

40 g de cacao en polvo sin azúcar

Media cucharadita de sal

2 huevos batidos

60 g de mantequilla, blanda

Aceite de girasol, para engrasar y freír

400 ml de nata líquida especial para montar

Virutas de chocolate para decorar

PARA EL GLASEADO

60 g de chocolate al 50%

35 g de mantequilla

65 ml de nata líquida especial para montar

70 g de azúcar glas tamizado

16 cuadrados de papel de horno
Manga pastelera de boquilla redonda

PARA 16

Bate la leche templada, la levadura y el azúcar en una jarra y déjalo en un lugar templado unos 10 minutos, hasta que se haya formado una espuma consistente por encima de la leche. Tamiza las harinas y el cacao en un cuenco grande, añade la sal, los huevos y la mantequilla y remuévelo todo; después añade la mezcla de la levadura. Si utilizas una batidora de varillas para amasar, bate la masa lentamente durante 2 minutos; después ve aumentando la velocidad y amasa durante 8 minutos hasta que esté suave y manejable. Si no, amasa 15 minutos a mano. La mezcla debe quedar blanda pero no pegajosa, así que añade un poco de harina si lo necesitas.

Pon los cuadrados de papel de horno en una bandeja y espolvoréalos ligeramente con harina. Divide la masa en 16 porciones y, con las manos recubiertas de harina, moldea cada una con forma de bola y déjala en un cuadrado de papel. Cubre los buñuelos con un paño humedecido y déjalos reposar 10 minutos. Vuelve a darles forma y deja que fermenten en un lugar cálido unos 35-45 minutos, cubiertos con papel film ligeramente engrasado, hasta que la masa doble su tamaño y conserve la marca si la presionas con un dedo. Déjalos reposar otra vez, sin tapar, 10 minutos.

En una sartén o en una freidora, calienta el aceite hasta 190°C. Sujetándolo por el cuadrado de papel, echa cada buñuelo en la sartén, de uno en uno, con cuidado de no tocar la masa o de salpicar con aceite hirviendo. Fríelos en tandas, más o menos 1 minuto y medio por cada lado, hasta que estén tostados. Retira los buñuelos con una espumadera y déjalos secar en papel de cocina.

Cuando los buñuelos se puedan manejar, introduce una cucharilla de mango redondo para hacerle un agujero al buñuelo y gírala dentro para crear un hueco. Bate la nata con la batidora de varillas hasta montarla e introdúcela en la manga pastelera; después rellena todos los buñuelos. Para el glaseado de chocolate, coloca una sartén a fuego lento y echa el chocolate, la mantequilla y la nata, sin dejar de remover, hasta que quede una salsa fluida y lustrosa. Tamiza el azúcar glas por encima y bate enérgicamente, asegurándote de que no quedan grumos. Baña la parte superior de cada buñuelo en el glaseado y espolvorea por encima las virutas de chocolate mientras todavía se adhieran; después déjalos en un sitio frío para que el glaseado se asiente. Sírvelos o guárdalos en la nevera si no se van a consumir inmediatamente.

Calabaza y sirope de arce

200 ml de leche templada

7 g de levadura seca de acción rápida

60 ml de sirope puro de arce

300 g de harina, y un poco más para espolvorear

160 g de harina de fuerza

Media cucharadita de sal

2 huevos batidos

60 g de mantequilla, blanda

1 cucharadita de canela en polvo

1 cucharadita de jengibre molido

1 cucharadita de nuez moscada recién molida

Aceite de girasol, para engrasar y freír

300 ml de nata líquida especial para montar

PARA LAS NATILLAS DE CALABAZA

2 cucharadas generosas de harina fina de maíz (maicena)

60 g de azúcar moreno

1 huevo y una yema de huevo

250 ml de nata líquida especial para montar

1 cucharadita de canela en polvo

1 cucharadita de jengibre molido

2 cucharadas generosas de pulpa de calabaza

PARA LAS NUECES PECANAS CARAMELIZADAS

120 g de azúcar

1 cucharadita de extracto de vainilla

100 g de nueces pecanas partidas

16 cuadrados de papel de horno
2 mangas pasteleras de boquilla grande

PARA 16

Estos buñuelos con sabor a otoño se sirven con nata y nueces pecanas caramelizadas.

Empieza por las natillas. En un cuenco, mezcla la maicena, el azúcar, el huevo y la segunda yema hasta formar una pasta. Echa la nata y las especias en una sartén hasta que empiece a hervir. Lentamente, vierte el líquido caliente sobre la mezcla del huevo, batiendo todo el tiempo; añade la pulpa de calabaza, sin dejar de remover. Vuelve a verterlo en la sartén hasta que espese; después pásalo por un colador para quitarle los grumos. Deja que se enfríe y guárdalo en la nevera hasta que lo necesites.

Para las nueces caramelizadas, hierve a fuego lento el azúcar y la vainilla en una sartén con 60 ml de agua, hasta que el azúcar se disuelva y tengas un caramelo de color muy clarito. Añade las nueces y sigue hirviendo hasta que el azúcar cristalice. Tardará unos 20 minutos y pasará de repente. Remueve bien las nueces y aparta todo del fuego. Resérvalas hasta que las necesites.

Bate la leche templada, la levadura y el sirope de arce en una jarra y déjalo en un lugar templado unos 10 minutos, hasta que se haya formado una espuma consistente por encima de la leche. Tamiza las harinas en un cuenco grande, añade la sal, los huevos, la mantequilla y las especias, y remuévelo todo; después añade la mezcla de la levadura. Si utilizas una batidora de varillas para amasar, bate la masa lentamente durante 2 minutos; después ve aumentando la velocidad y amasa durante 8 minutos hasta que esté suave y manejable. Si no, amasa 15 minutos a mano. La mezcla debe quedar blanda pero no pegajosa, así que añade un poco de harina si lo necesitas.

Pon los cuadrados de papel de horno en una bandeja y espolvoréalos ligeramente con harina. Divide la masa en 16 porciones y, con las manos recubiertas de harina, moldea cada una con forma rectangular y déjala en un cuadrado de papel. Cubre los buñuelos con un paño humedecido y déjalos reposar 10 minutos. Vuelve a darles forma y deja que fermenten en un lugar cálido unos 35-45 minutos, cubiertos con papel film ligeramente engrasado, hasta que la masa doble su tamaño y conserve la marca si la presionas con un dedo. Déjalos reposar otra vez, sin tapar, 10 minutos.

En una sartén o en una freidora, calienta el aceite hasta 190°C. Sujetándolo por el cuadrado de papel, echa cada buñuelo en la sartén, de uno en uno, con cuidado de no tocar la masa o de salpicar con aceite hirviendo. Fríelos en tandas, más o menos 1 minuto y medio por cada lado, hasta que estén tostados. Retira los buñuelos con una espumadera y déjalos secar en papel de cocina.

Cuando los vayas a servir haz un corte a lo largo. Vierte las natillas y la nata montada y adórnalos con las nueces.

Manzana y canela con sidra

Estos buñuelos con sabor a canela están rellenos de compota de manzana y cubiertos de glaseado de sidra. Si los sirves con un cuenco de sidra caliente especiada, serán un capricho ideal para el otoño.

200 ml de leche templada
7 g de levadura química
30 g de azúcar moreno
300 g de harina, y un poco más para espolvorear
160 g de harina de fuerza
Media cucharadita de sal
2 huevos batidos
60 g de mantequilla, blanda
2 cucharaditas de canela en polvo
Aceite de girasol, para engrasar y freír

PARA EL RELLENO
400 g de compota de manzana
1 cucharada de sidra

PARA EL GLASEADO Y LA DECORACIÓN DE LA MANZANA
1 manzana pequeña, sin corazón
100 ml de sidra dulce
300 g de azúcar glas, tamizado

16 cuadrados de papel de horno
Manga pastelera de boquilla redonda

PARA 16

Bate la leche templada, la levadura y el azúcar en una jarra y déjalo en un lugar templado unos 10 minutos, hasta que se haya formado una espuma consistente por encima de la leche. Tamiza las harinas en un cuenco grande, añade la sal, los huevos, la mantequilla y la canela, y remuévelo todo; después añade la mezcla de la levadura. Si utilizas una batidora de varillas para amasar, bate la masa lentamente durante 2 minutos; después ve aumentando la velocidad y amasa durante 8 minutos hasta que esté suave y manejable. Si no, amasa 15 minutos a mano. La mezcla debe quedar blanda pero no pegajosa, así que añade un poco de harina si lo necesitas.

Pon los cuadrados de papel de horno en una bandeja y espolvoréalos ligeramente con harina. Divide la masa en 16 porciones y, con las manos recubiertas de harina, moldea cada una con forma de bola y déjala en un cuadrado de papel. Cubre los buñuelos con un paño humedecido y déjalos reposar 10 minutos. Vuelve a darles forma y deja que fermenten en un lugar cálido unos 35-45 minutos, cubiertos con papel film ligeramente engrasado, hasta que la masa doble su tamaño y conserve la marca si la presionas con un dedo. Déjalos reposar otra vez, sin tapar, 10 minutos.

En una sartén o en una freidora, calienta el aceite hasta 190°C. Sujetándolo por el cuadrado de papel, echa cada buñuelo en la sartén, de uno en uno, con cuidado de no tocar la masa o de salpicar con aceite hirviendo. Fríelos en tandas, más o menos 1 minuto y medio por cada lado, hasta que estén tostados. Retira los buñuelos con una espumadera y déjalos secar en papel de cocina.

Cuando los buñuelos estén fríos, introduce una cucharilla de mango redondo para hacerle un agujero al buñuelo y gírala dentro para crear un hueco. Tritura la compota de manzana y la sidra hasta que se convierta en un ligero puré. Viértelo en la manga pastelera y rellena los buñuelos.

Filetea finamente la manzana con una mandolina o un cuchillo afilado. En una sartén, hierve la sidra a fuego lento. Añade la manzana y déjala unos minutos hasta que se ablande; después retírala y deja que se seque en papel de cocina. Echa el azúcar glas en un cuenco, añade 3 o 4 cucharadas de la sidra caliente todavía de la sartén y remueve hasta obtener un glaseado espeso pero manejable. Cubre la parte superior de cada buñuelo y decora con una rodaja de manzana. Deja enfriar antes de servir.

Tarta de queso y guindas

Las tartas de queso son casi tan populares como los buñuelos, así que he cogido todos los elementos que componen una tarta de queso —base de galleta con mantequilla, fruta jugosa y relleno cremoso— y los he reunido para estos deliciosos caprichitos. Son unos buñuelos perfectos para postre.

200 ml de leche templada
7 g de levadura seca de acción rápida
30 g de azúcar blanco
300 g de harina, y un poco más para espolvorear
160 g de harina de fuerza
Media cucharadita de sal
2 huevos batidos
60 g de mantequilla, blanda
Aceite de girasol, para engrasar y freír

PARA EL RELLENO
500 g de mascarpone
250 ml de *creme fraiche*
3 cucharadas de azúcar glas, tamizado
270 g (en seco) de guindas en almíbar, ya deshuesadas

PARA LA COBERTURA
125 g de galletas María o digestivas
50 g de mantequilla

16 cuadrados de papel de horno
Manga pastelera de boquilla redonda
Manga pastelera con boquilla de estrella

PARA 16

Bate la leche templada, la levadura y el azúcar en una jarra y déjalo en un lugar templado unos 10 minutos, hasta que se haya formado una espuma consistente por encima de la leche. Tamiza las harinas en un cuenco grande, añade la sal, los huevos, la mantequilla y remuévelo todo; después añade la mezcla de la levadura. Si utilizas una batidora de varillas para amasar, bate la masa lentamente durante 2 minutos, después ve aumentando la velocidad y amasa durante 8 minutos hasta que esté suave y manejable. Si no, amasa 15 minutos a mano. La mezcla debe quedar blanda pero no pegajosa, así que añade un poco de harina si lo necesitas.

Pon los cuadrados de papel de horno en una bandeja y espolvoréalos ligeramente con harina. Divide la masa en 16 porciones y, con las manos recubiertas de harina, moldea cada una con forma de bola y déjala en un cuadrado de papel. Cubre los buñuelos con un paño humedecido y déjalos reposar 10 minutos. Vuelve a darles forma y deja que fermenten en un lugar cálido unos 35-45 minutos, cubiertos con papel film ligeramente engrasado, hasta que la masa doble su tamaño y conserve la marca si la presionas con un dedo. Déjalos reposar otra vez, sin tapar, 10 minutos.

En una sartén o en una freidora, calienta el aceite hasta 190°C. Sujetándolo por el cuadrado de papel, echa cada buñuelo en la sartén, de uno en uno, con cuidado de no tocar la masa o de salpicar con aceite hirviendo. Fríelos en tandas, más o menos 1 minuto y medio por cada lado, hasta que estén tostados. Retira los buñuelos con una espumadera y déjalos secar en papel de cocina. Cuando los buñuelos estén fríos, introduce una cucharilla de mango redondo para hacerle un agujero al buñuelo y gírala dentro para crear un hueco.

Bate el mascarpone, la nata fresca y el azúcar glas hasta que consigas una mezcla suave y cremosa. Divide la mezcla en dos y reserva una mitad para la cobertura. Tritura la mitad de las guindas y añádelo a la mezcla de mascarpone. Introduce en cada buñuelo 3 o 4 de las guindas que has reservado y deja 16 guindas aparte para la decoración. Vierte la mezcla de mascarpone con guindas en la manga pastelera y rellena cada buñuelo.

Con la otra mitad de la mezcla de mascarpone en la manga pastelera, adorna cada buñuelo haciendo pequeños remolinos. Tritura las galletas y añádelas a la mantequilla previamente derretida. Espolvorea las migas resultantes sobre cada buñuelo y decóralos con una guinda.

Tarta de nueces pecanas

200 ml de leche templada

7 g de levadura seca de acción rápida

60 ml de sirope puro de arce

300 g de harina, y un poco más para espolvorear

160 g de harina de fuerza

Media cucharadita de sal

2 huevos batidos

60 g de mantequilla, blanda

1 cucharadita de extracto de vainilla

1 cucharadita de canela en polvo

Aceite de girasol, para engrasar y freír

PARA LA CREMA DE CANELA

1 cucharada de maicena

60 g de azúcar

1 huevo y una yema de huevo

100 ml de leche

150 ml de nata líquida especial para montar

1 cucharadita de canela en polvo

PARA EL RELLENO DE TARTA DE NUECES

2 cucharadas de jarabe de maíz

50 g de mantequilla

40 g de azúcar moreno

40 g de azúcar blanco

1 cucharadita de canela en polvo

1 cucharadita de extracto de vainilla

1 huevo batido

60 g de nueces pecanas, cortadas finamente

PARA EL AZÚCAR DE NUECES PECANAS

150 g de azúcar

50 g de nueces pecanas, cortadas finamente

1 cucharadita de canela en polvo

16 cuadrados de papel de horno

2 mangas pasteleras de boquilla redonda

PARA 16

Una crema dulce de canela y nueces pecanas cubiertas de caramelo es lo que te espera cuando les das un mordisco a estos buñuelos.

· ·

Empieza por la crema de canela. En un cuenco, mezcla la maicena, el azúcar, el huevo y la segunda yema hasta formar una pasta. Echa la leche, la nata y la canela en una sartén. Lentamente vierte el líquido caliente sobre la mezcla del huevo, batiendo todo el tiempo. Vuelve a echarlo en la sartén y déjalo reposar hasta que espese. Después pásalo por un colador para quitarle los grumos y deja que se enfríe en la nevera.

Para el relleno, calienta el jarabe de maíz, la mantequilla, los azúcares, la canela y la vainilla en una sartén hasta que la mantequilla se derrita y el azúcar se disuelva. Deja que se enfríe 10 minutos e incorpora el huevo batido. Pásalo por un colador y añade las nueces pecanas. Déjalo enfriar en la nevera.

Bate la leche templada, la levadura y el sirope de arce en una jarra y déjalo en un lugar templado unos 10 minutos, hasta que se haya formado una espuma consistente por encima de la leche. Tamiza las harinas en un cuenco grande, añade la sal, los huevos, la mantequilla, la vainilla y la canela; y remuévelo todo; después añade la mezcla de la levadura. Si utilizas una batidora de varillas para amasar, bate la masa lentamente durante 2 minutos; después ve aumentando la velocidad y amasa durante 8 minutos hasta que esté suave y manejable. Si no, amasa 15 minutos a mano. La mezcla debe quedar blanda pero no pegajosa, así que añade un poco de harina si lo necesitas.

Pon los cuadrados de papel de horno en una bandeja y espolvoréalos ligeramente con harina. Divide la masa en 16 porciones y, con las manos recubiertas de harina, moldea cada una con forma de bola y déjala en un cuadrado de papel. Cubre los buñuelos con un paño humedecido y déjalos reposar 10 minutos. Vuelve a darles forma y deja que fermenten en un lugar cálido unos 35-45 minutos, cubiertos con papel film ligeramente engrasado, hasta que la masa doble su tamaño y conserve la marca si la presionas con un dedo. Déjalos reposar otra vez, sin tapar, 10 minutos.

En una sartén o en una freidora, calienta el aceite hasta 190 ℃. Sujetándolo por el cuadrado de papel, echa cada buñuelo en la sartén, de uno en uno, con cuidado de no tocar la masa o de salpicar con aceite hirviendo. Fríelos en tandas, más o menos 1 minuto y medio por cada lado, hasta que estén tostados. Retira los buñuelos con una espumadera y déjalos secar en papel de cocina.

Con los buñuelos aún calientes, mezcla los ingredientes para el azúcar de nueces pecanas en un plato y reboza cada buñuelo en la mezcla. Introduce una cucharilla de mango redondo para hacerle un agujero al buñuelo y gírala dentro para crear un hueco. Remueve el relleno de tarta de nueces, viértelo en la manga pastelera y rellena los buñuelos. Echa la crema de canela en la otra manga pastelera y rellena del todo cada buñuelo. Listos para servir.

Crema de café

Un buñuelo de crema de café es uno de los pequeños regalos que nos ofrece la vida. Cafeína y azúcar, todo a la vez. Algo que te alegrará la mañana si lo sirves con café recién hecho.

200 ml de leche templada

7 g de levadura seca de acción rápida

30 g de azúcar blanco

300 g de harina, y un poco más para espolvorear

160 g de harina de fuerza

Media cucharadita de sal

2 huevos batidos

60 g de mantequilla, blanda

Aceite de girasol, para engrasar y freír

PARA LA CREMA PASTELERA

1 cucharada de maicena

60 g de azúcar

1 huevo y una yema de huevo

100 ml de leche

150 ml de nata líquida especial para montar

1 cucharadita de café instantáneo

PARA EL GLASEADO

350 g de azúcar glas o superfino

2 cucharadas de café instantáneo disueltas en 3 o 4 cucharadas de agua caliente

20 granos de café recubiertos de chocolate

20 cuadrados de papel de horno

Manga pastelera de boquilla redonda

PARA 20

Empieza por la crema pastelera. Mezcla la maicena, el azúcar, el huevo y la segunda yema hasta formar una pasta. Echa la leche, la nata y el café en una sartén a fuego lento hasta que este se haya disuelto y llévalo a ebullición. Lentamente vierte el líquido caliente sobre la mezcla de huevo, sin dejar de batir. Vuelve a verterlo en la sartén y déjalo reposar hasta que espese. Después pásalo por un colador para quitarle los grumos y deja que se enfríe en la nevera.

Para los buñuelos, bate la leche templada, la levadura y el azúcar en una jarra y déjalo en un lugar templado unos 10 minutos, hasta que se haya formado una espuma consistente por encima de la leche. Tamiza las harinas en un cuenco grande, añade la sal, los huevos, la mantequilla y remuévelo todo; después añade la mezcla de la levadura. Si utilizas una batidora de varillas para amasar, bate la masa lentamente durante 2 minutos; después ve aumentando la velocidad y amasa durante 8 minutos hasta que esté suave y manejable. Si no, amasa 15 minutos a mano. La mezcla debe quedar blanda pero no pegajosa, así que añade un poco de harina si lo necesitas.

Pon los cuadrados de papel de horno en una bandeja y espolvoréalos ligeramente con harina. Divide la masa en 20 porciones y, con las manos recubiertas de harina, moldea cada una con forma de bola y déjala en un cuadrado de papel. Cubre los buñuelos con un paño humedecido y déjalos reposar 10 minutos. Vuelve a darles forma y deja que fermenten en un lugar cálido unos 35-45 minutos, cubiertos con papel film ligeramente engrasado, hasta que la masa doble su tamaño y conserve la marca si la presionas con un dedo. Déjalos reposar otra vez, sin tapar, 10 minutos.

En una sartén o en una freidora, calienta el aceite hasta 190°C. Sujetándolo por el cuadrado de papel, echa cada buñuelo en la sartén, de uno en uno, con cuidado de no tocar la masa o de salpicar con aceite hirviendo. Fríelos en tandas, más o menos 1 minuto y medio por cada lado, hasta que estén tostados. Retira los buñuelos con una espumadera y déjalos secar en papel de cocina.

Cuando los buñuelos estén fríos, introduce una cucharilla de mango redondo para hacerle un agujero al buñuelo y gírala dentro para crear un hueco. Vierte la crema en la manga pastelera y rellena los buñuelos. Para el glaseado, mezcla el azúcar glas con el café poco a poco (puede que no lo necesites todo), removiendo hasta que tengas un glaseado espeso, que sea fácil de untar. Extiéndelo por la parte superior de cada buñuelo y decóralo con un grano de café cubierto de chocolate.

UN ANILLO PARA
GOBERNARLOS
A TODOS

Glaseados de azúcar

Estos deliciosos buñuelos, glaseados con sabor a vainilla y decorados con perlas de azúcar de vivos colores, son los indudables ganadores para aquellos que prefieren las cosas sencillas.

200 ml de leche templada
7 g de levadura seca de acción rápida
30 g de azúcar blanco
300 g de harina, y un poco más para espolvorear
160 g de harina de fuerza
Media cucharadita de sal
2 huevos batidos
60 g de mantequilla, blanda
1 cucharadita de extracto de vainilla
Aceite de girasol, para engrasar y freír
Perlas de azúcar, para decorar

PARA EL GLASEADO
225 g de azúcar glas o superfino
Colorante alimentario rosa (opcional)

18 cuadrados de papel de horno
Un molde cortador redondo para galletas de 2 cm

PARA 18

Bate la leche templada, la levadura y el azúcar en una jarra y déjalo en un lugar templado unos 10 minutos, hasta que se haya formado una espuma consistente por encima de la leche. Tamiza las harinas en un cuenco grande, añade la sal, los huevos, la mantequilla, la vainilla y remuévelo todo; después añade la mezcla de la levadura. Si utilizas una batidora de varillas para amasar, bate la masa lentamente durante 2 minutos; después ve aumentando la velocidad y amasa durante 8 minutos hasta que esté suave y manejable. Si no, amasa 15 minutos a mano. La mezcla debe quedar blanda pero no pegajosa, así que añade un poco de harina si lo necesitas.

Pon los cuadrados de papel de horno en una bandeja y espolvoréalos ligeramente con harina. Divide la masa en 16 porciones y, con las manos recubiertas de harina, moldea cada una con forma de bola. Usando el molde para galletas, haz un agujero en el centro para crear una forma de anillo. Deposita cada uno de ellos en un cuadrado de papel. Coge la masa sobrante de los cortes para más hacer 18 anillos en total. Cubre los buñuelos con un paño humedecido y déjalos reposar unos 10 minutos. Después deja que fermenten en un lugar cálido unos 35-45 minutos, cubiertos con papel film ligeramente engrasado, hasta que la masa doble su tamaño y conserve la marca si la presionas con un dedo. Déjalos reposar otra vez, sin tapar, 10 minutos.

En una sartén o en una freidora, calienta el aceite hasta 190°C. Sujetándolo por el cuadrado de papel, echa cada buñuelo en la sartén, de uno en uno, con cuidado de no tocar la masa o de salpicar con aceite hirviendo. Fríelos en tandas, más o menos 1 minuto y medio por cada lado, hasta que estén tostados. Retira los buñuelos con una espumadera y déjalos secar en papel de cocina. Ponlos en una rejilla para que se enfríen y coloca papel de aluminio debajo por si después se escurriera algo de glaseado.

Mezcla el azúcar glas, 80 ml de agua y el colorante alimentario, si finalmente lo vas a usar, para obtener un glaseado ligero. Sumerge la parte superior de cada buñuelo en el glaseado para cubrirlo y esparce por encima las perlas de azúcar mientras todavía esté pegajoso. Ojo: el glaseado tiende a secarse rápidamente. Deja que el glaseado se asiente antes de servirlos.

Limón

Estos estimulantes buñuelos, rebosantes de limón, son un caprichito delicioso. Empapados de un glaseado con un toque ácido y decorados con perlas de azúcar, son tan bonitos que da pena comérselos. Si prefieres los buñuelos de naranja, simplemente cambia su ralladura y su zumo.

200 ml de leche templada

7 g de levadura seca de acción rápida

30 g de azúcar blanco

300 g de harina, y un poco más para espolvorear

160 g de harina de fuerza

Media cucharadita de sal

2 huevos batidos

60 g de mantequilla, blanda

La ralladura de 2 limones

Aceite de girasol, para engrasar y freír

Perlas de azúcar, para decorar

PARA EL BAÑO DE AZÚCAR

El zumo recién exprimido de 3 limones

150 g de azúcar glas, tamizado

PARA EL GLASEADO

85 g de azúcar glas o superfino

El zumo recién exprimido de 1 limón

Colorante alimentario amarillo

18 cuadrados de papel de horno

Un molde cortador redondo para galletas de 2 cm

Manga pastelera de boquilla redonda

PARA 18

Bate la leche templada, la levadura y el azúcar en una jarra y déjalo en un lugar templado unos 10 minutos, hasta que se haya formado una espuma consistente por encima de la leche. Tamiza las harinas en un cuenco grande, añade la sal, los huevos, la mantequilla, la ralladura de limón y remuévelo todo; después añade la mezcla de la levadura. Si utilizas una batidora de varillas para amasar, bate la masa lentamente durante 2 minutos; después ve aumentando la velocidad y amasa durante 8 minutos hasta que esté suave y manejable. Si no, amásalo a mano. La mezcla debe quedar blanda pero no pegajosa, así que añade un poco de harina si lo necesitas.

Pon los cuadrados de papel de horno en una bandeja y espolvoréalos ligeramente con harina. Divide la masa en 16 porciones y, con las manos recubiertas de harina, moldea cada una con forma de bola. Usando el molde para galletas, haz un agujero en el centro para crear una forma de anillo. Deposita cada uno de ellos en un cuadrado de papel. Coge la masa sobrante de los cortes para hacer 18 anillos en total. Cubre los buñuelos con un paño humedecido y déjalos reposar unos 10 minutos. Después deja que fermenten en un lugar cálido unos 35-45 minutos, cubiertos con papel film ligeramente engrasado, hasta que la masa doble su tamaño y conserve la marca si la presionas con un dedo. Déjalos reposar otra vez, sin tapar, 10 minutos.

En una sartén o en una freidora, calienta el aceite hasta 190°C. Sujetándolo por el cuadrado de papel, echa cada buñuelo en la sartén, de uno en uno, con cuidado de no tocar la masa o de salpicar con aceite hirviendo. Fríelos en tandas, más o menos 1 minuto y medio por cada lado, hasta que estén tostados. Retira los buñuelos con una espumadera y déjalos secar en papel de cocina. Ponlos en una rejilla para que se enfríen y coloca papel de aluminio debajo por si después se escurriera algo de glaseado.

Para el baño de azúcar, calienta el zumo de limón y azúcar glas a fuego lento durante 3-5 minutos y sin dejar de mover, hasta que se forme un sirope. Apártalo del fuego y sumerge los buñuelos en el sirope, cubriéndolos completamente. Recógelos con una espumadera y colócalos en la rejilla para que se sequen. Para preparar el glaseado añade gradualmente el zumo de limón al azúcar glas (puede que no necesites todo el zumo), junto con unas gotas de colorante alimentario, removiendo hasta obbener un glaseado espeso pero manejable. Colócalo en la manga pastelera y viértelo encima de cada buñuelo; después decóralos con las perlas de azúcar. Deja que el glaseado se asiente antes de servirlos.

Frutas del bosque (sin gluten)

160 g de harina con levadura sin gluten

1 cucharadita y media de levadura química

¾ de cucharadita de goma xantana

140 g de almendras molidas

1 cucharadita de levadura química

Media cucharadita de sal

2 huevos batidos

60 g de mantequilla, blanda

250 ml de yogur natural

1 cucharadita de extracto de vainilla

2 cucharadas de frambuesas deshidratadas y troceadas

2 cucharadas de fresas deshidratadas y troceadas

3 cucharadas de arándanos deshidratados y troceadas

PARA EL GLASEADO DE MORA

120 g de moras frescas

200 g de azúcar glas

PARA EL GLASEADO DE FRESA

180 g de fresas frescas ya limpias y troceadas

200 g de azúcar glas

3 bandejas para doce mini buñuelos, engrasadas

Manga pastelera de boquilla redonda (opcional)

PARA 36 MINI BUÑUELOS

Aquellos que son celíacos o alérgicos al gluten normalmente no se pueden permitir los buñuelos. Pero estos pequeños buñuelos, hechos con harina sin gluten y almendras, son la solución perfecta. Rebosantes de frutas del bosque y recubiertos de un glaseado de mora o de fresa, seguro que serán un éxito. También puedes escoger otro sabor para esta receta; abajo verás una variante utilizando limón.

Precalienta el horno a 180° C.

Tamiza la harina en un cuenco. Añade los demás ingredientes y bátelo hasta formar una masa fluida con la ayuda de un robot de cocina o de una batidora con varillas para amasar. Vierte la mezcla en las bandejas para buñuelos. Es más fácil si primero lo echas en la manga pastelera y te ayudas de esta para poder rellenarlas. Métalas al horno durante 10 o 15 minutos, hasta que los buñuelos estén dorados. Si no tienes tres bandejas, lo puedes hacer por tandas, lavando la bandeja entre medias. Saca los buñuelos del horno y colócalos en una rejilla para que se enfríen. Pon papel de aluminio debajo por si después se escurriera algo de glaseado.

Para el glaseado de moras, caliéntalas en una sartén a fuego lento junto con una cucharada de agua hasta que se rasguen y suelten el jugo. Cuélalas para quitarles la piel y vuelve a echar el zumo a la sartén, junto con el azúcar glas, hasta que el líquido se reduzca un poco y se forme el sirope. Sumerge la mitad de los buñuelos en el sirope de moras, sácalos con una espumadera y vuélvelos a colocar en la rejilla. Una vez que se hayan secado un poco, báñalos de nuevo para conseguir darles una segunda capa. Prepara el glaseado de fresas con el mismo método y sumerge dos veces los buñuelos que quedan. Deja que en todos ellos el glaseado se asiente por completo antes de servirlos.

VARIANTE: BUÑUELOS DE LIMÓN Para conseguir buñuelos de limón sin gluten simplemente omite las frutas del bosque y añade la ralladura de un limón a la masa. Para hacer el glaseado de limón, mezcla 100 g de azúcar glas y zumo de limón, lo suficiente para formar un glaseado espeso pero manejable. Viértelo en una manga pastelera de boquilla pequeña y decora los buñuelos haciendo líneas sobre ellos. También puedes hacerlo con una cuchara.

Frambuesa

Estos exquisitos buñuelos tienen un sorprendente sabor a frambuesa. El glaseado está hecho con el zumo recién exprimido de las frambuesas, en vez de colorante alimentario, así que eso le confiere un vivo color y añade sabor extra. Los he adornado con frambuesas frescas y purpurina comestible roja, pero puedes hacer una decoración más sencilla con perlas de azúcar o con trocitos de frambuesas deshidratadas, si lo prefieres.

300 g de harina con levadura
1 cucharadita de levadura química
70 g de azúcar
Media cucharadita de sal
2 huevos batidos
50 g de mantequilla, blanda
250 ml de yogur de frambuesa
1 cucharadita de extracto de almendra
Frambuesas frescas, para decorar
Purpurina comestible roja, para decorar (opcional)

PARA EL GLASEADO
100 g de frambuesas frescas
300 g de azúcar glas, tamizado

3 bandejas para doce mini buñuelos, engrasadas

PARA 36

Precalienta el horno a 180° C.

Tamiza la harina en un cuenco. Añade los demás ingredientes (excepto las frambuesas y la purpurina) y bátelo hasta formar una masa fluida con la ayuda de un robot de cocina o de una batidora con varillas para amasar. Vierte la mezcla en las bandejas para buñuelos. Es más fácil si primero lo echas en una manga pastelera, y te ayudas de eso para poder rellenarlas. Mételas al horno durante 10 o 15 minutos, hasta que los buñuelos estén dorados. Si no tienes tres bandejas, lo puedes hacer por tandas, lavando la bandeja entre medias. Sácalos del horno y coloca los buñuelos en una rejilla para que se enfríen. Pon papel de aluminio debajo por si después se escurriera algo de glaseado.

Para el glaseado, coloca las frambuesas en un colador o cedazo grande, sobre un cuenco, y utiliza la parte posterior de una cuchara para empujarlas contra la red, con el fin de que suelten el jugo. Quita las semillas. Echa el azúcar glas en un cuenco pequeño, añade el zumo de frambuesa poco a poco (puede que no lo necesites todo) y remueve hasta que tengas un glaseado espeso pero manejable. Unta una capa del glaseado en la parte superior de cada buñuelo, usando un cuchillo de punta redonda, y decóralo con una frambuesa. Espolvorea la purpurina por encima, si finalmente la vas a usar, y vuelve a dejarlos en la rejilla para que el glaseado se asiente antes de servirlos.

Coco

El ron y el coco rallado se convierten en una decoración muy tropical para estos buñuelos tan ligeros. Como están hechos al horno en vez de fritos, son un caprichito mucho más llevadero. Decóralos en blanco y rosa para darles un toque alegre inspirado en las tendencias retro.

300 g de harina con levadura
1 cucharadita de levadura química
85 g de azúcar rubio
Media cucharadita de sal
2 huevos batidos
50 g de mantequilla, blanda
250 ml de leche
1 cucharada de ron de coco

PARA EL GLASEADO DE COCO
400 g de azúcar glas, tamizado
130 ml de leche de coco
1 cucharada de ron de coco

PARA LA DECORACIÓN
80 g de coco rallado
Colorante alimentario rosa

3 bandejas para seis buñuelos, engrasadas
Manga pastelera de boquilla redonda

PARA 18

Precalienta el horno a 180° C.

Tamiza la harina en un cuenco. Añade los demás ingredientes y bátelo hasta formar una masa fluida con la ayuda de un robot de cocina o de una batidora con varillas para amasar. Vierte la mezcla en las bandejas para buñuelos. Es más fácil si primero lo echas en una manga pastelera, y te ayudas de eso para poder rellenarlas. Mételas al horno durante 10 o 15 minutos, hasta que los buñuelos estén dorados. Si no tienes tres bandejas, lo puedes hacer por tandas, lavando la bandeja entre medias. Sácalos del horno y coloca los buñuelos en una rejilla para que se enfríen. Pon papel de aluminio debajo por si después se escurriera algo de glaseado.

Divide el coco rallado en partes iguales en dos cuencos. Usando unas gotas de colorante alimentario, tiñe de rosa la mitad del coco y deja la otra mitad de color blanco.

Para el glaseado de coco, echa el azúcar glas, la leche de coco y el ron en una sartén y calienta a fuego lento, removiéndolo, durante unos 3-5 minutos hasta que el líquido se reduzca ligeramente y se forme el sirope. Apártalo del fuego y, de uno en uno, sumerge los buñuelos en el sirope, cubriéndolos completamente. Recógelos con una espumadera y vuelve a colocarlos en la rejilla para que se sequen. Echa por encima el coco rallado mientras el glaseado todavía esté pegajoso, cubriendo la mitad de los buñuelos de rosa y la otra mitad de blanco. Deja que se asienten antes de servir.

Caramelo

Estos buñuelos con sabor a caramelo son deliciosos y muy ligeros, pues están hechos al horno en vez de fritos. Coronados con un glaseado caramelizado y de trocitos de dulce de leche, son el sueño de un amante de lo dulce. Si solo tienes una bandeja, puedes hacerlo por tandas, lavándola entre medias.

· ·

300 g de harina con levadura
1 cucharadita de levadura química
85 g de azúcar rubio
Media cucharadita de sal
2 huevos batidos
50 g de mantequilla, blanda
125 ml de leche
125 ml de yogur natural
1 cucharadita de extracto de vainilla
80 g de toffee, cortado, para decorar

PARA EL GLASEADO DE CARAMELO
60 g de mantequilla
115 g de azúcar rubio
160 ml de leche
440 g de azúcar glas, tamizado

3 bandejas para seis buñuelos, engrasadas

PARA 18

Precalienta el horno a 180° C.

Tamiza la harina en un cuenco. Añade los demás ingredientes (excepto el dulce de leche) y bátelo hasta formar una masa fluida con la ayuda de un robot de cocina o de una batidora con varillas para amasar. Vierte la mezcla en las bandejas para buñuelos. Es más fácil si primero lo echas en una manga pastelera, y te ayudas de eso para poder rellenarlas. Mételas al horno durante 10 o 15 minutos, hasta que los buñuelos estén dorados. Si no tienes tres bandejas, lo puedes hacer por tandas, lavando la bandeja entre medias. Sácalos del horno y coloca los buñuelos en una rejilla para que se enfríen. Pon papel de aluminio debajo por si después se escurriera algo de glaseado.

Para el glaseado de caramelo, echa la mantequilla y el azúcar en una sartén pequeña y calienta a fuego lento hasta que el azúcar se haya disuelto. Aparta la sartén del fuego y deja que se enfríe un poco para después añadir la leche y volver a ponerlo a fuego lento, removiendo hasta que se haya ligado. Añade el azúcar glas y sigue dándole vueltas hasta que tengas un glaseado de caramelo manejable. Apártalo del fuego y, de uno en uno, sumerge los buñuelos en el sirope, cubriéndolos completamente. Recógelos con una espumadera y vuelve a colocarlos en la rejilla para que se sequen; después echa por encima los trocitos de dulce de leche mientras el glaseado todavía esté pegajoso (es mejor hacerlo por tandas porque el glaseado se seca rápidamente). Deja que se asienten antes de servirlos.

Glaseados de cuajada

Me encanta el sabor un poco agrio de la cuajada, así que la he utilizado tanto para la masa como para el glaseado, dándole a estos buñuelos un extra de este exquisito sabor. Puedes decorar estos sencillos buñuelos con unas bonitas flores de azúcar o, si prefieres un efecto más delicado, con perlas de azúcar.

300 g de harina con levadura
1 cucharadita de levadura química
85 g de azúcar
Media cucharadita de sal
2 huevos batidos
50 g de mantequilla, blanda
250 ml de cuajada *(buttermilk)* *
1 cucharadita de extracto de vainilla
Flores de azúcar, para decorar

**PARA EL GLASEADO
DE CUAJADA**
300 g de azúcar glas, tamizado
90 ml de cuajada *(buttermilk)* *
1 cucharadita de extracto de vainilla

3 bandejas para seis buñuelos, engrasadas

PARA 18

Precalienta el horno a 180° C.

Tamiza la harina en un cuenco. Añade los demás ingredientes (excepto las flores de azúcar) y bátelo hasta formar una masa fluida con la ayuda de un robot de cocina o de una batidora con varillas para amasar. Vierte la mezcla en las bandejas para buñuelos. Es más fácil si primero lo echas en una manga pastelera, y te ayudas de eso para poder rellenarlas. Métalas al horno durante 10 o 15 minutos, hasta que los buñuelos estén dorados. Si no tienes tres bandejas, lo puedes hacer por tandas, lavando la bandeja entre medias. Sácalos del horno y coloca los buñuelos en una rejilla para que se enfríen. Pon papel de aluminio debajo por si después se escurriera algo de glaseado.

Para el glaseado de cuajada, mezcla el azúcar glas, la cuajada y la vainilla en un cuenco pequeño y bátelo muy bien, asegurándote de que no quedan grumos. Baña la parte superior de cada buñuelo en el glaseado y vuelve a dejarlos en la rejilla. Decóralos con las flores de azúcar mientras el glaseado todavía está pegajoso y deja que se asienten antes de servirlos.

*Nota de la traductora: del inglés *buttermilk*. Es una especie de suero de leche que combina el sabor dulce de la mantequilla y el sabor agrio del yogur. En varios supermercados españoles se puede encontrar con diferentes denominaciones. Aquí doy la opción de la cuajada como posible alternativa común.

MANERAS SORPRENDENTES

Palomitas de buñuelo

¡No te asustes por que la receta ponga para 150! Son unos buñuelos minúsculos, rellenos de mermelada y rebozados con azúcar, perfectos para servirlos como si fueran palomitas.

100 ml de leche templada
4 g de levadura seca de acción rápida
20 g de azúcar blanco
150 g de harina, y un poco más para espolvorear
80 g de harina de fuerza
Media cucharadita de sal
1 huevo batido
30 g de mantequilla, blanda
1 cucharadita de extracto de vainilla
Aceite de girasol, para engrasar y freír
6 cucharadas colmadas de mermelada de frambuesa sin semillas
Azúcar superfina, para espolvorear

2 bandejas de horno
Manga pastelera de boquilla redonda
Una pequeña jeringa de cocina (sin la aguja)
Un molde cortador redondo para galletas de 3 cm
Cucuruchos de papel, para servir (opcional)

PARA 150 (6 RACIONES)

Bate la leche templada, la levadura y el azúcar en una jarra y déjalo en un lugar templado unos 10 minutos, hasta que se haya formado una espuma consistente por encima de la leche. Tamiza las harinas en un cuenco grande, añade la sal, los huevos, la mantequilla, la vainilla y remuévelo todo; después añade la mezcla de la levadura. Si utilizas una batidora de varillas para amasar, bate la masa lentamente durante 2 minutos; después ve aumentando la velocidad y amasa durante 8 minutos hasta que esté suave y manejable. Si no, amasa 15 minutos a mano. La mezcla debe quedar blanda pero no pegajosa, así que añade un poco de harina si lo necesitas.

Recubre las dos bandejas de papel de horno y espolvoréalos ligeramente con harina. Coge trocitos muy pequeños de masa, del tamaño de un guisante, y dales forma de bola. La manera más fácil de hacer esto es extender la masa, cortarla con el molde para galletas y cortar cada circulito en cuatro partes, de forma que cada una de ellas sea una bolita. Colócalos en el papel cubierto de harina, cúbrelos con un paño humedecido y déjalos reposar unos 10 minutos. Después permite que fermenten en un lugar cálido unos 35-45 minutos, cubiertos con papel film ligeramente engrasado, hasta que la masa doble su tamaño y conserve la marca si la presionas con un dedo. Déjalos reposar otra vez, sin tapar, 10 minutos.

En una sartén o en una freidora, calienta el aceite hasta 190°C. Sujetando el papel, echa cada buñuelo en la sartén, de 30 en 30 más o menos, con cuidado de no tocar la masa o de salpicar con aceite hirviendo. Fríelos unos 45 segundos por cada lado, hasta que estén tostados. Retira los buñuelos con una espumadera y déjalos secar en papel de cocina.

Echa el azúcar en un plato y, cuando se puedan manejar, reboza los buñuelitos. Vierte la mermelada en la manga pastelera, y de ahí, introdúcela en la jeringa. Inyecta un poco de mermelada en cada uno de los buñuelos. Si quieres, puedes servirlos en cucuruchos de papel.

Buñuelo gigante de cumpleaños

¿Qué podría ser mejor sorpresa para un amante de los buñuelos que recibir uno gigante como tarta de cumpleaños? Necesitarás un molde grande de buñuelo para hacer este pastel, que se tiene que preparar en dos partes para después unir las mitades con un relleno, pero también puedes usar dos moldes de corona o Savarín. Añade una rica cobertura de chocolate y unas cuantas velas o bengalas y ya tienes el pastel perfecto para cualquier celebración.

320 g de harina con levadura
90 g de azúcar
¼ de cucharadita de bicarbonato sódico
2 cucharadas colmadas de dulce de leche
1 cucharadita de extracto de vainilla
250 ml de yogur natural
30 ml de leche
2 huevos batidos
50 ml de aceite de maíz
Perlas de azúcar, para decorar

PARA EL RELLENO DE CREMA
1 cucharada de sirope de caramelo
1 cucharadita de extracto de vainilla
250 ml de nata líquida especial para montar

PARA LA COBERTURA DE CHOCOLATE
60 g de mantequilla
100 g de chocolate negro
100 ml de nata líquida especial para montar
115 g de azúcar glas, tamizado

Un molde grande para buñuelos de 25 cm

PARA 1 PASTEL

Precalienta el horno a 180° C.

Tamiza la harina en un cuenco y añade el azúcar, el bicarbonato sódico, el dulce de leche, la vainilla, el yogur, la leche, los huevos y el aceite de maíz; después bátelo con una batidora con varillas para amasar. Divide la mezcla entre los dos moldes y métarlos al horno durante 20-25 minutos hasta que, si lo presionas, recupere la forma, y cuando metas un pincho de brocheta en la parte más gruesa, salga limpio. Desmolda los bizcochos y déjalos enfriar en una rejilla.

Para hacer el relleno, añade el sirope de caramelo y la vainilla a la nata y móntala con la ayuda de una batidora con varillas para amasar. Cuando los bizcochos se hayan enfriado, nivélalos si es necesario y utiliza un cuchillo de punta redonda para esparcir la crema por la parte superior de una de las mitades. Dale la vuelta a la otra mitad y colócala por encima, de manera que la parte curva quede arriba, para crear la forma redonda de un buñuelo.

Para la cobertura de chocolate, derrite la mantequilla, el chocolate y la nata en una sartén a fuego lento. Apártala del fuego para añadirle el azúcar glas, usando una cuchara de madera y removiendo con fuerza para evitar que queden grumos. Recubre el pastel con la cobertura y decóralo con perlas de azúcar y velas o bengalas. Sírvelo o guárdalo en la nevera si no se va a comer inmediatamente.

Croquembouche de buñuelos

¿Hay alguna manera mejor de celebrar una ocasión especial que con una torre de buñuelos? Decóralo con flores de azúcar para tener un espectacular centro de mesa.

200 g de harina con levadura
60 g de azúcar
1 cucharadita de levadura química
1 pellizco de sal
1 huevo grande y una clara de huevo
150 ml de yogur natural
50 g de mantequilla, derretida pero no caliente, y un poco más para engrasar
1 cucharada de agua de rosas

PARA EL GLASEADO
300 g de azúcar glas, tamizado
3-4 cucharadas de leche
1 cucharada y una cucharadita de agua de rosas

PARA MONTAR LA PIRÁMIDE
450 g de preparado para elaborar glasa real, ya tamizado
1 cucharada de agua de rosas
Flores de papel de arroz

Plancha para hacer buñuelos
Una lámina de cartulina de 60 x 40 cm
Tijeras y papel celo
Soporte para tartas o bandeja para servir
Manga pastelera de boquilla grande

**PARA 1 TORRE
(APROXIMADAMENTE 45 BUÑUELOS)**

Tamiza la harina en un cuenco, añade el azúcar, la levadura, la sal, el huevo entero, la leche, la mantequilla y el agua de rosas y bate hasta conseguir una masa fluida con la ayuda de una batidora con varillas para amasar. En otro cuenco, bate la clara a punto de nieve e incorpórala a la masa. Vierte la mezcla en una jarra. Precalienta la plancha para buñuelos y engrásala con mantequilla, rellenando los moldes con la masa. Hazlos en tandas de unos 3 o 4 minutos hasta que estén tostados por los dos lados; después colócalos en una rejilla para que se enfríen. Los buñuelos estarán blandos al sacarlos de la plancha, pero se endurecerán cuando se enfríen. Sigue haciendo lo mismo con lo que quede de la mezcla y te saldrán unos 45 buñuelos. Pon papel de aluminio bajo la rejilla por si se escurriera algo de glaseado.

Echa los ingredientes para el glaseado en una sartén a fuego lento hasta que tengas un sirope ligero y sin grumos. Apártalo del fuego; y de uno en uno, sumerge los buñuelos en el líquido para recubrirlos completamente. Recógelos con una espumadera y vuelve a colocarlos en la rejilla para que se sequen.

Enrolla la cartulina hasta darle forma de cono y pégala con papel celo; después recorta la parte inferior de tal manera que se pueda quedar de pie en una superficie plana. Tu cono debería tener unos 25 cm de altura y un diámetro de base de 15 cm.

Echa el preparado para glasa real y el agua de rosas en un cuenco junto con 80 ml de agua y bátelo con una batidora con varillas para amasar hasta que tengas una cobertura espesa y con consistencia, que se quede firme cuando saques las varillas de la masa. Si te ha quedado demasiado ligera, añádele un poco de azúcar; y si se ha quedado endurecida, échale un poco de agua. Con la ayuda de una cuchara, métela en la manga pastelera y dibuja un círculo de glaseado en la bandeja en que lo vas a servir, que tenga el mismo diámetro que la superficie de tu cono, y después coloca la cartulina justo encima. La siguiente línea de glaseado la dibujarás en el cono, a unos 3 cm de la base, y eso será lo que sujetará la primera capa de buñuelos. Coloca los buñuelos haciendo un círculo directamente en el cono, presionándolos contra el glaseado, de tal manera que los buñuelos casi se estén tocando por ambos laterales. Dibuja otra línea de glaseado unos 3 cm por encima de la anterior y coloca la siguiente capa de buñuelos. Sigue haciendo lo mismo, forrando la pirámide con buñuelos hasta que llegues al final del cono. Corta la punta para que no sobresalga por encima de los buñuelos y coloca un buñuelo justo encima. Con lo que sobra adorna la base y rellena los huecos; después decóralos con las flores de papel.

Bolitas en brochetas

Estas bolitas de buñuelo ensartadas en una brocheta son el bocadito perfecto, ¡para cuando necesitas tres buñuelos en vez de uno! Con un toque de naranja y de limón, puedes servirlas sencillamente rebozadas de azúcar o decoradas con chocolate blanco derretido y perlas de azúcar para una celebración especial, ¿por qué no?

200 ml de leche templada
7 g de levadura seca de acción rápida
30 g de azúcar blanco
300 g de harina, y un poco más para espolvorear
160 g de harina de fuerza
Media cucharadita de sal
2 huevos batidos
60 g de mantequilla, blanda
La ralladura de 2 limones
La ralladura de 2 naranjas
Aceite de girasol, para engrasar y freír
Azúcar superfina, para el rebozado

30 cuadrados de papel de horno
Un molde cortador redondo para galletas de 2 cm
Manga pastelera de boquilla redonda
Brochetas de madera

PARA 26 BROCHETAS

Bate la leche templada, la levadura y el azúcar en una jarra y déjalo en un lugar templado unos 10 minutos, hasta que se haya formado una espuma consistente por encima de la leche. Tamiza las harinas en un cuenco grande, añade la sal, los huevos, la mantequilla, las ralladuras y remuévelo todo; después añade la mezcla de la levadura. Si utilizas una batidora de varillas para amasar, bate la masa lentamente durante 2 minutos; después ve aumentando la velocidad y amasa durante 8 minutos hasta que esté suave y manejable. Si no, amasa 15 minutos a mano. La mezcla debe quedar blanda pero no pegajosa, así que añade un poco de harina si lo necesitas.

Coloca las láminas de papel de horno en una bandeja y espolvoréalas ligeramente con harina. Extiende la masa hasta que tenga un grosor de unos 3 cm y con el molde para galletas, corta aproximadamente unas 80 porciones. Dales forma de bola y coloca dos o tres en cada cuadrado de papel de horno. Cúbrelos con un paño humedecido y déjalos reposar unos 10 minutos. Vuelve a darles forma y deja que fermenten en un lugar cálido unos 35-45 minutos, cubiertos con papel film ligeramente engrasado, hasta que la masa doble su tamaño y conserve la marca si la presionas con un dedo. Déjalos reposar otra vez, sin tapar, 10 minutos.

En una sartén o en una freidora, calienta el aceite hasta 190°C. Sujetando el papel, echa las bolitas en la sartén, unas pocas cada vez, con cuidado de no tocar la masa o de salpicar con aceite hirviendo. Fríelas por tandas de 1 minuto y medio por cada lado, hasta que estén tostadas. Sácalas del aceite con una espumadera y déjalas secar en papel de cocina.

Echa el azúcar en un plato y, cuando estén lo suficientemente frías como para manejarlas, reboza las bolitas hasta cubrirlas completamente. Pincha tres buñuelos en cada brocheta y sírvelas.

Triángulos de pistacho

Estos buñuelos pueden parecer muy clásicos por fuera, pero van rellenos de una deliciosa crema de pistacho. Son triangulares, pero puedes utilizar cualquier forma. Rebózalos en azúcar y pistacho molido si quieres conseguir un bonito efecto.

200 ml de leche templada

7 g de levadura seca de acción rápida

30 g de azúcar blanco

300 g de harina, y un poco más para espolvorear

160 g de harina de fuerza

Media cucharadita de sal

2 huevos batidos

60 g de mantequilla, blanda

60 g de pistachos ya pelados y picados

Aceite de girasol, para engrasar y freír

PARA LA CREMA DE PISTACHO

30 g de mantequilla, blanda

60 g de pistachos ya pelados

60 g de azúcar glas, tamizado

300 ml de nata líquida especial para montar

PARA EL REBOZADO

60 g de pistachos ya pelados

150 g de azúcar superfina

26 cuadrados pequeños de papel de horno

Un molde cortador triangular para galletas de 4 cm

Manga pastelera de boquilla redonda

PARA 26

Bate la leche templada, la levadura y el azúcar en una jarra y déjalo en un lugar templado unos 10 minutos, hasta que se haya formado una espuma consistente por encima de la leche. Tamiza las harinas en un cuenco grande, añade la sal, los huevos, la mantequilla y los pistachos, y remuévelo todo; después añade la mezcla de la levadura. Si utilizas una batidora de varillas para amasar, bate la masa lentamente durante 2 minutos; después ve aumentando la velocidad y amasa durante 8 minutos hasta que esté suave y manejable. Si no, amasa 15 minutos a mano. La mezcla debe quedar blanda pero no pegajosa, así que añade un poco de harina si lo necesitas.

Coloca las láminas de papel de horno en una bandeja y espolvoréalas ligeramente con harina. Extiende la masa hasta que tenga un grosor de unos 3 cm y corta unos 12 triángulos, aprovechando la masa que sobra si lo necesitas. Coloca cada corazoncito en un cuadrado de papel de horno. Cúbrelos con un paño humedecido y déjalos reposar unos 10 minutos. Vuelve a darles forma y deja que fermenten en un lugar cálido durante unos 35-45 minutos, cubiertos con papel film ligeramente engrasado, hasta que la masa doble su tamaño y conserve la marca si la presionas con un dedo. Déjalos reposar otra vez, sin tapar, 10 minutos.

En una sartén o en una freidora, calienta el aceite hasta 190°C. Sujetando el papel, echa cada buñuelo en la sartén, con cuidado de no tocar la masa o de salpicar con aceite hirviendo. Fríelos por tandas de 1 minuto y medio por cada lado, hasta que estén tostados. Sácalos con una espumadera y déjalos secar en papel de cocina.

Para hacer el rebozado, tritura los pistachos, añade el azúcar y vuelve a molerlo todo para mezclarlo; después échalo en un plato llano. Mientras todavía estén tibios, reboza los buñuelos en la mezcla, cubriendo toda su superficie. Introduce una cucharilla de mango redondo para hacerle un agujero a cada buñuelo y gírala dentro para crear un hueco.

Para la crema de pistacho, tritura la mantequilla, los pistachos y el azúcar glas hasta formar una pasta con la ayuda del robot de cocina. Bate la nata hasta que esté casi montada y añade la pasta de pistacho; luego bate hasta montarla por completo. Con la ayuda de una cuchara, viértela en una manga pastelera y rellena los buñuelos. Sírvelos o guárdalos en la nevera si no se van a consumir inmediatamente.

Corazones con sabor a rosas

Estos buñuelos en forma de corazón, cubiertos de glaseado al aroma de rosas y rellenos de nata montada, son perfectos para el día de los enamorados.

200 ml de leche templada

7 g de levadura seca de acción rápida

30 g de azúcar blanco

1 cucharada de sirope de rosas o de agua de rosas

300 g de harina, y un poco más para espolvorear

160 g de harina de fuerza

Media cucharadita de sal

2 huevos batidos

60 g de mantequilla, blanda

Aceite de girasol, para engrasar y freír

Pétalos de rosa escarchados, para decorar

PARA EL GLASEADO

225 g de azúcar glas, tamizado

2 cucharadas de licor de rosas

Colorante alimentario rosa

1-2 cucharadas de agua de rosas

PARA LA CREMA DE ROSAS

Un puñado de pétalos de rosa comestibles frescos

2 cucharadas de azúcar glas

1 cucharada de sirope de rosas

300 ml de nata líquida especial para montar, ya batida

12 cuadrados pequeños de papel de horno

Un molde cortador en forma de corazón para galletas de 8 cm

Manga pastelera de boquilla redonda

PARA 12

Bate la leche templada, la levadura, el agua de rosas y el azúcar en una jarra y déjalo en un lugar templado unos 10 minutos, hasta que se haya formado una espuma consistente por encima de la leche. Tamiza las harinas en un cuenco grande, añade la sal, los huevos, la mantequilla y remuévelo todo; después añade la mezcla de la levadura. Si utilizas una batidora de varillas para amasar, bate la masa lentamente durante 2 minutos; después ve aumentando la velocidad y amasa durante 8 minutos hasta que esté suave y manejable. Si no, amasa 15 minutos a mano. La mezcla debe quedar blanda pero no pegajosa, así que añade un poco de harina si lo necesitas.

Coloca las láminas de papel de horno en una bandeja y espolvoréalas ligeramente con harina. Extiende la masa hasta que tenga un grosor de unos 3 cm y corta unos 12 corazones, aprovechando la masa que sobra si lo necesitas. Pon cada corazoncito en un cuadrado de papel de horno. Cúbrelos con un paño humedecido y déjalos reposar unos 10 minutos. Vuelve a darles forma y deja que fermenten en un lugar cálido durante unos 35-45 minutos, cubiertos con papel film ligeramente engrasado, hasta que la masa doble su tamaño y conserve la marca si la presionas con un dedo. Déjalos reposar otra vez, sin tapar, 10 minutos.

En una sartén o en una freidora, calienta el aceite hasta 190°C. Sujetando el papel, echa cada buñuelo en la sartén, con cuidado de no tocar la masa o de salpicar con aceite hirviendo. Fríelos por tandas de 1 minuto y medio por cada lado, hasta que estén tostados. Sácalos con una espumadera y déjalos secar en papel de cocina. Cuando se pueden manejar, introduce una cucharilla de mango redondo para hacerle un agujero y gírala dentro para crear un hueco dentro.

Para la crema de rosas, quita las partes verdes a los pétalos y tritúralos junto con el azúcar glas y el sirope de rosas, formando una pasta. Mézclala con la nata ya montada en una manga pastelera y rellena los buñuelos.

Para el glaseado, mezcla el azúcar glas con el licor de rosas y unas gotas de colorante alimentario. Añade poco a poco el agua de rosas (puede que no lo necesites todo) hasta que tengas un glaseado espeso pero manejable. Cubre con el glaseado la parte superior de los buñuelos, y espolvorea los pétalos de rosa. Sírvelos o guárdalos en la nevera si no se van a consumir.

Beicon y sirope de arce

Vas a tener que confiar en mí cuando te recomiendo esto. Sé que la combinación del sirope de arce y del beicon puede no atraer, pero a los que le guste tomar beicon y tortitas con sirope para el desayuno, estos buñuelos son los indicados. El beicon añade un delicioso toque salado que contrarresta la dulzura del sirope de arce, haciendo que estos buñuelos sean ideales para un desayuno tardío (¡aunque yo me los comería a cualquier hora del día!). Puedes comprar el beicon ahumado ya troceado, que te irá genial para esta receta.

200 ml de leche templada
7 g de levadura seca de acción rápida
60 g de sirope puro de arce
300 g de harina, y un poco más para espolvorear
160 g de harina de fuerza
Media cucharadita de sal
2 huevos batidos
60 g de mantequilla, blanda
Aceite de girasol, para engrasar y freír
50 g de beicon tostado en trocitos

PARA EL GLASEADO DE SIROPE DE ARCE

2 cucharadas de sirope de arce
500 g de azúcar glas, tamizado

18 cuadrados pequeños de papel de horno
Un molde cortador redondo para galletas de 2 cm

PARA 18

Bate la leche templada, la levadura y el sirope de arce en una jarra y déjalo en un lugar templado unos 10 minutos, hasta que se haya formado una espuma consistente por encima de la leche. Tamiza las harinas en un cuenco grande, añade la sal, los huevos, y la mantequilla y remuévelo todo, después añade la mezcla de la levadura. Si utilizas una batidora de varillas para amasar, bate la masa lentamente durante 2 minutos; después ve aumentando la velocidad y amasa durante 8 minutos hasta que esté suave y manejable. Si no, amásalo a mano. La mezcla debe quedar blanda pero no pegajosa, así que añade un poco de harina si lo necesitas.

Pon los cuadrados de papel de horno en una bandeja y espolvoréalos ligeramente con harina. Divide la masa en 16 porciones y, con las manos recubiertas de harina, moldea cada una con forma de bola. Usando el molde para galletas, haz un agujero en el centro para crear una forma de anillo. Deposita cada uno de ellos en un cuadrado de papel. Coge la masa sobrante de los cortes para hacer 18 anillos en total. Cubre los buñuelos con un paño humedecido y déjalos reposar unos 10 minutos. Después deja que fermenten en un lugar cálido unos 35-45 minutos, cubiertos con papel film ligeramente engrasado, hasta que la masa doble su tamaño y conserve la marca si la presionas con un dedo. Déjalos reposar otra vez, sin tapar, 10 minutos.

En una sartén o en una freidora, calienta el aceite hasta 190°C. Sujetándolo por el cuadrado de papel, echa cada buñuelo en la sartén, de uno en uno, con cuidado de no tocar la masa o de salpicar con aceite hirviendo. Fríelos en tandas, más o menos 1 minuto y medio por cada lado, hasta que estén tostados. Retira los buñuelos con una espumadera y déjalos secar en papel de cocina.

Echa el sirope de arce y el azúcar glas en una sartén pequeña, añade 4 cucharadas de agua y remueve a fuego lento hasta que tengas un glaseado espeso pero manejable. Baña en él la parte superior de cada buñuelo y espolvorea por encima con los trocitos de beicon mientras el glaseado esté pegajoso. Deja que se asienten antes de servirlos.

Bombolini

Los italianos han creado el buñuelo perfecto para los amantes de la crema de cacao con avellanas. El *bombolini* se compone de una masa ligera rellena de crema de chocolate con avellanas, y esta es mi versión de la receta. La mantequilla de avellanas se puede encontrar en herbolarios o en Internet. Es la versión con avellanas de la mantequilla de cacahuete. Y está deliciosa.

200 ml de leche templada
7 g de levadura seca de acción rápida
30 g de azúcar blanco
300 g de harina, y un poco más para espolvorear
170 g de harina de fuerza
Media cucharadita de sal
2 huevos batidos
60 g de mantequilla, blanda
1 cucharada generosa de mantequilla de avellanas
Aceite de girasol, para engrasar y freír
100 g de chocolate con leche, derretido
50 g de avellanas tostadas y troceadas

PARA EL RELLENO DE CREMA
270 g de crema de chocolate con avellanas a temperatura ambiente
200 ml de nata fresca
1 cucharada generosa de mantequilla de avellanas

32 cuadrados pequeños de papel de horno
Manga pastelera de boquilla redonda

PARA 32

Bate la leche templada, la levadura y el azúcar en una jarra y déjalo en un lugar templado unos 10 minutos, hasta que se haya formado una espuma consistente por encima de la leche. Tamiza las harinas en un cuenco grande, añade la sal, la mantequilla, los huevos y la mantequilla de avellana; y remuévelo todo, después añade la mezcla de la levadura. Si utilizas una batidora de varillas para amasar, bate la masa lentamente durante 2 minutos; después ve aumentando la velocidad y amasa durante 8 minutos hasta que esté suave y manejable. Si no, amasa 15 minutos a mano. La mezcla debe quedar blanda pero no pegajosa, así que añade un poco de harina si lo necesitas.

Pon los cuadrados de papel de horno en una bandeja y espolvoréalos ligeramente con harina. Divide la masa en 32 porciones y, con las manos recubiertas de harina, moldea cada una con forma de bola, y déjala en un cuadrado de papel. Cubre los buñuelos con un paño humedecido y déjalos reposar 10 minutos. Vuelve a darles forma y deja que fermenten en un lugar cálido unos 35-45 minutos, cubiertos con papel film ligeramente engrasado, hasta que la masa doble su tamaño y conserve la marca si la presionas con un dedo. Déjalos reposar otra vez, sin tapar, 10 minutos.

En una sartén o en una freidora, calienta el aceite hasta 190°C. Sujetándolo por el cuadrado de papel, echa cada buñuelo en la sartén, de uno en uno, con cuidado de no tocar la masa o de salpicar con aceite hirviendo. Fríelos en tandas, más o menos 1 minuto y medio por cada lado, hasta que estén tostados. Retira los buñuelos con una espumadera y déjalos secar en papel de cocina. Cuando los buñuelos se puedan manejar, introduce una cucharilla de mango redondo para hacerle un agujero al buñuelo y gírala dentro para crear un hueco.

Para el relleno cremoso, bate la crema de chocolate, la nata fresca y la mantequilla de avellana. Con la ayuda de una cuchara, viértelo en la manga pastelera y rellena con ella los buñuelos. Para decorar, echa el chocolate derretido por encima de los buñuelos y espolvorea con las avellanas troceadas.

Cruellers

Los *cruellers* son unos buñuelos ligeros que a veces están hechos de pasta *choux*, con forma de elegantes anillos trenzados. Para asegurarse de que los buñuelos conservan su forma, tendrás que congelarlos durante un rato antes de freírlos. Son especialmente populares en Alemania, donde se venden con un glaseado de limón o de ron. ¡Sehrecker! (¡Riquísimos!).

300 g de harina con levadura y un poco más para espolvorear
1 cucharadita de levadura química
70 g de azúcar blanco
Media cucharadita de sal
2 huevos batidos
50 g de mantequilla, blanda
1 cucharadita de extracto de vainilla
250 ml de yogur natural
Aceite de girasol, para freír

PARA EL GLASEADO

El zumo recién exprimido de 2 o 3 limones
250 g de azúcar glas, tamizado

2 bandejas de horno (que quepan en tu congelador), recubiertas con papel de horno
Manga pastelera de boquilla grande

PARA 16

Tamiza la harina en un cuenco grande. Añade todos los demás ingredientes (a excepción del aceite para freír) y bátelo hasta que tengas una masa fluida con la ayuda de una batidora con varillas para amasar. Con una cuchara, viértelo en la manga pastelera. Espolvorea con harina la bandeja de horno y dibuja círculos con la masa en el papel de horno de unos 8 cm de diámetro. Mete la bandeja en el congelador durante 10 minutos.

En una sartén grande o en una freidora (de unos 10 cm de hondo) calienta el aceite hasta los 190°C. Quita los *cruellers* cuidadosamente del papel de horno y échalos en la sartén, unos pocos cada vez, con precaución de no salpicar con aceite hirviendo. Fríelos más o menos 2 minutos por cada lado, hasta que estén tostados. Saca un *crueller* de la sartén y córtalo para asegurarte de que la masa se ha hecho por completo. En ese momento, retira los buñuelos del aceite con una espumadera y déjalos secar en papel de cocina; después colócalos en una rejilla para enfriarlos. Pon papel de aluminio debajo por si después se escurriera algo de glaseado.

Para el glaseado, echa el zumo de limón y el azúcar glas en una sartén a fuego lento, removiendo hasta que se forme el sirope. Si quieres que sea más transparente, utiliza el zumo de tres limones, y si prefieres que sea más blanquecino, usa el de dos. Baña los *cruellers* con el glaseado de limón y deja que se asienten antes de servirlos.

Churros con chocolate caliente

Estos crujientes churros fritos son una variedad de buñuelos muy populares en España y Latinoamerica. Están hechos con una masa casi sin fermentar y se fríen rápidamente en aceite muy caliente. Dada la velocidad de su preparación, a menudo se venden en puestos callejeros, y como mejor están es recién hechos. La manera tradicional de servirlos es con una taza de chocolate caliente y espeso, para poder mojar los churros. Con toques de mandarina y canela, estos delicados buñuelos seguro que desaparecen nada más servirlos.

300 g de harina con levadura
1 cucharadita de levadura química
70 g de azúcar blanco
Un cuarto de cucharadita de sal
2 huevos batidos
La ralladura de 2 mandarinas
2 cucharaditas de canela en polvo
50 g de mantequilla blanda
1 cucharadita de extracto de vainilla
250 ml de yogur natural
Aceite de girasol, para freír

PARA EL CHOCOLATE CALIENTE
250 ml de leche
100 g de chocolate negro especiado
100 g de chocolate con leche
1 ramita de canela
1 pellizco de pimentón picante o chile en polvo

PARA EL AZÚCAR DE CANELA
120 g de azúcar
2 cucharaditas de canela en polvo

Manga pastelera de boquilla grande

PARA 24

Tamiza la harina en un cuenco grande. Añade los demás ingredientes y bátelo hasta que tengas una masa fluida con la ayuda de una batidora con varillas para amasar. Viértelo en la manga pastelera con ayuda de una cuchara.

En una sartén o en una freidora (de unos 10 cm de hondo), calienta el aceite hasta los 180°C. Vacía la manga pastelera en tiras de unos 10 cm directamente en la sartén, sujetándola con una mano mientras sostienes unas tijeras en la otra. Utilízalas para cortar la masa con el largo deseado, con cuidado de no salpicarte con el aceite. Fríelos en tandas de 5, durante unos 5 minutos y dándoles vueltas con frecuencia hasta que estén completamente tostados. Retira un churro del aceite y córtalo para asegurarte de que la masa se ha hecho por completo. Cuando te hayas asegurado de que así es, retira los buñuelos con una espumadera y déjalos secar en papel de cocina.

Mezcla la canela y el azúcar en un plato y reboza por completo los churros todavía tibios.

Para el chocolate caliente, coloca la leche, el chocolate, la ramita de canela y el chile en una sartén y calienta a fuego lento hasta que el chocolate se haya derretido. Retira la ramita de canela, viértelo en un cuenco y sírvelo junto con los churros.

Sopapillas

Estos pequeños buñuelos son muy populares en todo el mundo, aunque las recetas pueden variar un poco. Creo que originariamente provenían de Latinoamérica, pero he probado unos hojaldrados de miel muy parecidos en los típicos mercadillos navideños de Alemania. La manera más tradicional de servirlos es con azúcar glas y decorándolos con un poco de miel. Algunas veces se utiliza como sustituto del pan para acompañar sabrosos estofados y sopas. Independientemente de los comienzos de estos deliciosos bocaditos, una cosa está clara: al servirlos templados, son simplemente irresistibles.

220 g de harina con levadura
1 cucharadita de levadura química
Un cuarto de cucharadita de sal
1 cucharadita de extracto de vainilla
1 cucharada de miel, y un poco más para adornar
50 g de mantequilla, blanda
Aceite de girasol, para freír
Azúcar glas, para espolvorear

PARA 60 APROXIMADAMENTE

Vierte la harina, la levadura, la sal, la vainilla, la miel y la mantequilla en un cuenco grande y mézclalos con la ayuda de una batidora con varillas para amasar. Poco a poco añade 125 ml de agua hasta que tengas una masa muy blanda, pero no pegajosa. Envuélvela con papel film y deja que se enfríe en la nevera unos 30 minutos.

Espolvorea la harina en una superficie de trabajo limpia y estira la masa hasta que tenga un grosor de ½ cm. Esto es más fácil si lo haces por tandas, cada una de ellas con una cuarta parte de la masa. Córtala en forma de pequeños rombos de unos 5 cm

En una sartén o en una freidora (de unos 10 cm de hondo), calienta el aceite hasta los 190 ºC. Fríe las sopapillas en tandas, con cuidado de no salpicarte con el aceite, durante 3 minutos por uno de los lados; después dales la vuelta y sigue por el otro lado 1 minuto, hasta que estén tostados. Retíralas de la sartén con una espumadera y déjalas secar en papel de cocina.

Espolvoréalas con el azúcar glas mientras todavía estén tibias. Sírvelas adornadas con un poco de miel, si quieres.

Estos buñuelos se mantendrán perfectos durante 3 días si los conservas en un envase hermético.

Yum-yums

Estos tradicionales bollos trenzados americanos están hechos con una masa fermentada, que se dobla para crear pequeñas bolsas de aire y es la razón por la que estos buñuelos son tan ligeros.

200 ml de leche templada

7 g de levadura seca de acción rápida

30 g de azúcar blanco

300 g de harina, y un poco más para espolvorear

160 g de harina de fuerza

Media cucharadita de sal

2 huevos

1 cucharadita de extracto de vainilla

110 g de mantequilla, blanda

Aceite de girasol, para engrasar y freír

PARA EL GLASEADO

250 g de azúcar glas, tamizado

1 cucharadita de extracto de vainilla

14 rectángulos pequeños de papel de horno

PARA 14

Bate la leche templada, la levadura y el azúcar en una jarra y déjalo en un lugar templado unos 10 minutos, hasta que se haya formado una espuma consistente por encima de la leche. Tamiza las harinas en un cuenco grande, añade la sal, los huevos, la vainilla y 60 g de mantequilla y remuévelo todo; después añade la mezcla de la levadura. Si utilizas una batidora de varillas para amasar, bate la masa lentamente durante 2 minutos; después ve aumentando la velocidad y amasa durante 8 minutos hasta que esté suave y manejable. Si no, amasa 15 minutos a mano. La mezcla debe quedar blanda pero no pegajosa, así que añade un poco de harina si lo necesitas.

Deja que la masa repose unos 10 minutos y extiéndela en una superficie plana espolvoreada con harina, formando un rectángulo de unos 25x35 cm. Con las manos esparce lo que queda de mantequilla sobre la masa. Coloca el lado más corto del rectángulo frente a ti y dóblalo sobre sí mismo un tercio de su longitud. Gira la masa 180° y vuelve a doblar un tercio de su longitud, de manera que quede por encima del primer pliegue y la mantequilla quede envuelta por la masa. Deja que repose unos 10 minutos cubierto con un paño húmedo. Estira de nuevo la masa, con las mismas medidas, y repite doblando los tercios exactamente igual. Vuelve a dejar que repose, cubierto, otros 10 minutos. Extiéndelo por última vez, formando un rectángulo de 30x40 cm, pero ahora dobla los dos bordes exteriores hacia el centro de la masa, de manera que se junten, y después dóblalo otra vez por la mitad, de tal manera que esconda la juntura original. Corta la masa en 14 porciones y, cogiendo de los extremos, retuércelos para darles la clásica forma del *yum–yum*. Coloca los rectángulos de papel vegetal en una bandeja de horno y espolvoréala con harina. Pon un bollito en cada rectángulo y deja que reposen en un lugar cálido unos 35-45 minutos, cubiertos con papel film ligeramente engrasado, hasta que la masa doble su tamaño. Déjalos reposar otra vez, sin tapar, 10 minutos.

En una sartén, calienta el aceite hasta 190°C. Sujetándolo por el cuadrado de papel, echa cada buñuelo en la sartén, de uno en uno, con cuidado de no tocar la masa. Fríelos en tandas, más o menos 1 minuto y medio por cada lado, hasta que estén tostados. Retira los buñuelos y déjalos secar en papel de cocina. Después ponlos en una rejilla para que se enfríen. Coloca papel de aluminio debajo por si después se escurriera algo de glaseado.

Vierte los ingredientes para el glaseado en una sartén, junto con 3-4 cucharadas de agua, y calienta, sin dejar de mover, hasta que se forme un sirope ligero. Con la ayuda de una cuchara, baña los *yum–yums* con el glaseado y deja que se asienten antes de servirlos.

Ikrapfenî

Estos *ikrapfenî* rellenos de mermelada de albaricoque y espolvoreados con azúcar glas se suelen tomar en Austria en la época del carnaval. Esta es mi versión, con una compota de albaricoque algo más ácida. Puedes acompañarlos con cualquier resto de jalea que te quede. Si no tienes tiempo, sustitúyela por gelatina de albaricoque o mermelada comprada.

200 ml de leche templada
7 g de levadura seca de acción rápida
30 g de azúcar blanco
300 g de harina, y un poco más para espolvorear
160 g de harina de fuerza
Media cucharadita de sal
2 huevos batidos
60 g de mantequilla, blanda
La ralladura de 2 limones
Aceite de girasol, para engrasar y freír
Azúcar superfino, para espolvorear

PARA EL RELLENO DE ALBARICOQUE

8 albaricoques frescos y maduros, limpios y troceados
130 g de azúcar blanco
El zumo recién exprimido de un limón grande
1 cucharadita de extracto de vainilla

16 cuadrados pequeños de papel de horno
Manga pastelera de boquilla redonda

PARA 16

Para hacer el relleno, vierte los albaricoques troceados en una sartén junto con el azúcar, el zumo de limón y la vainilla hasta que la fruta se haya reblandecido. Tritúralo y déjalo aparte hasta que se enfríe.

Bate la leche templada, la levadura y el azúcar en una jarra y déjalo en un lugar templado unos 10 minutos, hasta que se haya formado una espuma consistente por encima de la leche. Tamiza las harinas en un cuenco grande, añade la sal, los huevos, la mantequilla y la ralladura de limón y remuévelo todo; después añade la mezcla de la levadura. Si utilizas una batidora de varillas para amasar, bate la masa lentamente durante 2 minutos; después ve aumentando la velocidad y amasa durante 8 minutos hasta que esté suave y manejable. Si no, amasa 15 minutos a mano. La mezcla debe quedar blanda pero no pegajosa, así que añade un poco de harina si lo necesitas.

Pon los cuadrados de papel de horno en una bandeja y espolvoréalos ligeramente con harina. Divide la masa en 16 porciones y, con las manos recubiertas de harina, moldea cada una con forma de bola y déjala en un cuadrado de papel. Cubre los buñuelos con un paño humedecido y déjalos reposar 10 minutos. Vuelve a darles forma y deja que fermenten en un lugar cálido unos 35-45 minutos, cubiertos con papel film ligeramente engrasado, hasta que la masa doble su tamaño y conserve la marca si la presionas con un dedo. Déjalos reposar otra vez, sin tapar, 10 minutos.

En una sartén o en una freidora, calienta el aceite hasta 190 °C. Sujetándolo por el cuadrado de papel, echa cada buñuelo en la sartén, de uno en uno, con cuidado de no tocar la masa o de salpicar con aceite hirviendo. Fríelos en tandas, más o menos 1 minuto y medio por cada lado, hasta que estén tostados. Retira los buñuelos con una espumadera y déjalos secar en papel de cocina.

Cuando los buñuelos se puedan manejar, introduce una cucharilla de mango redondo para hacerle un agujero a cada buñuelo y gírala dentro para crear un hueco. Vierte la compota de albaricoque en la manga pastelera y rellena todos los buñuelos. Espolvorea por encima con el azúcar glas para servirlos.

Índice